AF277039

Cornucopia de aforismos

1.ª edición, 2026

© Guillermo Escolar Editor SL
Calle Princesa 31, planta 2, puerta 2
28008 Madrid

Diseño de cubierta: Javier Suárez

Maquetación: Equipo de Guillermo Escolar Editor

ISBN: 979-13-87789-55-8

DEPÓSITO LEGAL: M-3196-2026

Impreso en España / Printed in Spain

Cornucopia
de aforismos

Breviario de Diego Moldes

A mi querida hermana Lara,

in memoriam

"Cornucopia de
aforismos".

Breviario de
Diego Moldes

5.06.2024

En la presentación de uno de mis libros en la Feria Internacional del Libro de Guadalajara, la FIL de México, a mediados de noviembre de 2023, la dibujante e ilustradora Nuria Díaz me regaló una pequeña agenda de bolsillo con la imagen de mi película predilecta, *Vértigo*, a la que dediqué mi ópera prima a principios de este siglo.

El 5 de junio de 2024 inicié en esa agenda la escritura de una serie de pensamientos que denominé *Cornucopia de aforismos. Breviario de Diego Moldes*. Durante un año exacto, la agenda me acompañó, literalmente, a todas partes. Cuando surgía un pensamiento que consideraba que podría ser compartido a los lectores, lo escribía en dicho cuaderno, muy lentamente, pensando bien cada palabra, su semántica, su morfología, la sintaxis entre las palabras y la relación entre los sintagmas de cada aforismo.

Numeré cada aforismo porque, aunque pueden leerse de forma independiente y aleatoria, fueron escritos teniendo en cuenta la pragmática, ateniéndonos a la doble acepción científica de la palabra 'pragmática', la lingüística («Disciplina que estudia el lenguaje en su relación con los hablantes, así como los enunciados que estos profieren y las diversas circunstancias que concurren en la comunicación») y la filosófica («Doctrina filosófica que valora las ideas por su eficacia y por sus consecuencias prácticas para la vida. Para el pragmatismo, el efecto de una idea es más importante que su origen») tal y como recogen varios diccionarios de la Real Academia Española.

Renuncié a hacer un libro demasiado erudito, con farragosas notas a pie de página, bibliografía, citas de los cientos de escritores, filósofos, poetas, ensayistas y lingüistas que me han influido durante las últimas décadas y opté por hacer un librito más sencillo y pragmático; es decir más práctico para los lectores. Y práctico para el propio autor. Hui de la complejidad, lo rebuscado, los persuasivos vicios de la retórica, el pleonasmo y los aires intelectualoides para epatar al lector. Al mismo tiempo, hui como de la peste de la fraseología banal y condescendiente propia de los mal llamados «libros de autoayuda» (si alguien te ayuda a pensar es simple ayuda, no *auto-ayuda*, que es cuando alguien se ayuda a sí mismo sin ayuda externa) que, en su mayoría, no son más que refritos de tópicos, clichés, lugares comunes e ideas recibidas; en muchos casos simplificadas para lectores vagos o amodorrados. También me alejé del lector excesivamente académico y sesudo, ese que lee a los autores célebres no por afinidad personal, sino por obligación profesional (loable si es para investigación), por papanatismo intelectual o emulación vacía e inane.

Confié en la inteligencia, la cultura y la capacidad de leer entre líneas de mis lectores, sin necesidad de explicar si esas ideas habían llegado de la praxis de la vida cotidiana, de lo azaroso del vivir o de aquella lectura casi olvidada de tal o cual autor. ¿Qué importaba si la semilla de la idea se había sembrado en mis neuronas a partir de algo leído en libros de Wittgenstein, Spinoza o Séneca, de las palabras releídas de los estoicos Cicerón, Epicteto, Marco Aurelio o del epicúreo Lucrecio, de un poema de Borges o de Wallace Stevens, o unos versos de Lorca o de Machado, del diálogo de una película de Hitchcock o de una novela de John Le Carré? Lo importante era la expresión coherente de una idea, cada idea, y cómo conectaba con otras ideas mías, más o menos originales (¿existen ideas originales?), más o menos propias, y, a partir de toda una cornucopia, lanzarlas a los lectores para sembrar esas mismas semillas en sus mentes, buscando la empatía, quizá la complicidad, acaso la posibilidad de que ellos hiciesen lo propio y se sintiesen impelidos a publicar sus propios pensamientos.

No pretendía ser ingenioso, ni lanzar sentencias con apariencia de máximas definitivas, al modo de las paremias (el cultismo paremia es un «refrán, proverbio, adagio, sentencia»), ni tampoco caer en la pedantería de los cultismos o los apotegmas revestidos de principio de autoridad (apotegma: «dicho breve, sentencioso y feliz, especialmente el que tiene celebridad por haberlo proferido o escrito alguna personalidad o por cualquier otro concepto»), que en ocasiones se confunden con los aforismos. No es este el caso. Mis aforismos buscan usar un lenguaje claro, sencillo, expresar ideas complejas mediante reflexiones al alcance de todo el mundo, alejarme de las pedanterías (cosa que no he logrado en este prólogo) y pasar del mundo de las ideas al mundo de las acciones. Que cada reflexión, leída y releída cuantas veces sea necesario, nos ayude a pensar mejor y obrar mejor. A vivir mejor, más intensamente, con plenitud, si es posible. Cada uno, cada lector, adaptando cada aforismo a su circunstancia vital. Y pasar de las palabras a la acción. *Res non verba*. Hechos, no palabras.

Con este librito, mi mayor anhelo es que estos aforismos sean de utilidad para ti, querido lector.

Diego Moldes,
Madrid, 5 de junio de 2025.

Aforismo. Del lat. *aphorismus*, y este del gr. ἀφορισμός *aphorismós*.

m. Máxima o sentencia que se propone como pauta en alguna ciencia o arte.

Sin.: adagio, máxima, proverbio, refrán, sentencia, apotegma, regla.

Cornucopia. Del lat. cornucopia.

f. Vaso en forma de cuerno que representa la abundancia. Era u. t. c. m.

f. Espejo de marco tallado y dorado, que suele tener en la parte inferior uno o más brazos para poner velas cuya luz reverbere en el mismo espejo. Sin.: espejo.

Breviario. Del lat. *breviarium* 'epítome', 'inventario'.

m. Libro que contiene el rezo eclesiástico de todo el año.

Sin.: antifonario, tonario.

m. epítome (|| resumen de una obra extensa).

Sin.: epítome, resumen, compendio, extracto, recopilación.

m. Impr. Fundición de nueve puntos, como la que solía usarse en las antiguas impresiones del breviario romano.

m. desus. Libro de memoria o de apuntamiento.

1.

Busca ser, no parecer.

2.

Somos lo que ya fuimos y siempre
seremos: polvo de estrellas.

3.

Tu forma de hacer es tu verdadero ser.

4.

Eres lo que haces, no lo que dices.

5.

Lo que haces es lo que eres, no
lo que dices que harás.

6.

Decir sin hacer es peor que no decir nada.

7.

Desconfía de quienes hablan mal de otros,
porque cuando tú no estás hablan mal de ti.

8.

La unión de la educación, las artes y el
conocimiento dan como resultado la cultura.

9.

El pensamiento es lingüístico o no es.

10.

Los pensamientos no lingüísticos no
son pensamientos sino sensaciones,
percepciones o sentimientos.

11.

El deseo es trampa o salvación del intelecto.

12.

La paradoja y el oxímoron son
el signo de nuestra época.

13.

Quien no valora la vida de los demás
no merece vivir, quien no valora su
propia vida merece una mala vida.

14.

Es mejor inspirar que instruir y es
preferible influir a mandar.

15.

¿Y si las ideas del amor, la muerte
o dios no fuesen nada más que el
miedo humano a la soledad?

16.

Sin amor, todo es nada. Con
amor, nada es todo.

17.

El amor no es esperar conseguir,
el amor es dar. Darlo todo.

18.

En la música, la primacía del ritmo sobre la
melodía es la manifestación más significativa
de la crisis secular de la civilización occidental.

19.

La creación musical no se puede
intelectualizar porque la música precede
y excede a todo pensamiento.

20.

Solo la cultura del humanismo podrá
salvarnos de esa distopía, ya real,
llamada Dictadura del Algoritmo.

21.

El mar, la mar, mar... Volvemos siempre
al mar, miramos al mar, navegamos el
mar, buscamos la mar como a la vida
o al amor, sabedores de que el mar es
lo único que une cielo y tierra.

22.

La información sin formación
es desinformación.

23.

Vivimos una brecha creciente entre el exceso
de información y el déficit de conocimiento.

24.

En las sociedades actuales vivimos como
en la caverna de Platón, vemos imágenes a
todas horas creyendo que son la realidad.

25.

El dicho que aconseja no hablar si tus palabras
no mejoran el silencio recuerda aquella
cita alemana del *Tractatus* de Wittgenstein,
que decía algo así como que de lo que no se
puede hablar es mejor callar: ello evidencia
la gran tragedia de todo escritor honesto,
el saber que sus palabras escritas jamás
mejorarán las que pueblan sus silencios.

26.

Cuando alguien tiene una grave enfermedad
o pierde su trabajo o sustento, descubre que
la mayoría de los que decían ser sus amigos,
o que él creía, erróneamente, que eran sus

amigos, en realidad no lo eran, apenas eran
amistades fugaces, simples conocidos o meros
contactos surgidos en inevitable trasiego vital.

27.

En el infortunio o la desdicha es donde nos
conocemos a nosotros mismos, y también
es donde conocemos a los demás.

28.

Tópicos, lugares comunes, ideas recibidas,
incluso clichés, todas las palabras, frases
o textos tienen algo de ellos, siempre
que se aproximan a la verdad.

29.

¿Qué es la verdad? Esta es la gran
pregunta que se hace todo el sistema
filosófico digno de tal nombre. La
realidad es que no podemos conocer

ni definir la verdad, pero sí podemos,
y debemos, detectar, desenmascarar y
señalar con el dedo a la Mentira.

30.

La llamada posverdad no existe, es un
constructo social creado por las élites
para engañar a las masas de forma más
eficaz y acelerada. Elías Canetti y otros
grandes pensadores del siglo veinte la
habrían llamado simplemente mentira.

31.

La emoción no puede sustituir a la razón
ni el sentimiento al pensamiento.

32.

El intelecto nació para domar al instinto.

33.

El conocimiento surge para anteponerse
a nuestros impulsos más atávicos.

34.

Contra toda lógica aparente, las decisiones más
importantes de nuestras vidas son irracionales.

35.

¿Y si el inconsciente fuese nuestra forma
más profunda de pensamiento?

36.

Si no quieres perder tu valioso reloj
en la arena, no lo lleves a la playa.

37.

No trates de epatar ni deslumbrar, evita
impresionar: procura la autenticidad.

38.

Si en nosotros eliminamos la cultura, la educación y la suerte, solo queda la genética.

39.

Los creyentes dicen «dios existe», los ateos dicen «dios no existe»; ninguna de las dos cosas se puede probar, ni la existencia ni la inexistencia de dios. Por eso los agnósticos decimos «no lo sé». Cuando llegue la muerte lo sabremos, o no lo sabremos.

40.

Quien busca la poesía como el avaricioso busca el dinero o el alcohólico la botella nunca la hallará.

41.

Todo fin es un nuevo comienzo.

42.

Si no encuentras lo que buscas lo más probable
es porque buscas en el sitio equivocado.

43.

La búsqueda es aún más importante
que el encuentro.

44.

Lograr no discutir nunca con nadie es
alcanzar el mayor grado de autodominio
y autoconocimiento posibles.
Lograr no discutir nunca mentalmente
con uno mismo es lograr la plena
sabiduría y, por tanto, la paz.

45.

A diferencia de la de los siglos precedentes
la universidad del siglo veintiuno
es, en su mayoría, anticultural.

46.

No se piensa igual sentado que de pie,
no se piensa lo mismo de pie parado que
caminando, no se piensa igual caminando que
corriendo, y tampoco se piensa del mismo
modo corriendo que yendo en bicicleta.
Nuestra mente se halla en ese órgano único
llamado cerebro y este se alimenta de oxígeno,
la cantidad y frecuencia de oxígeno en la
sangre modifica y condiciona todas las sinapsis
neuronales. Esto, que es bien sabido, deberían
tenerlo todos los escritores y pensadores
escrito a fuego. No olvidarlo nunca.

47.

Las personas muy inteligentes suelen ser muy
manipuladoras por lo que es preferible tratar
de cultivar relaciones fértiles y duraderas
con buenas personas y no tanto con las
inteligentes en exceso; al fin y al cabo las

relaciones más fértiles con las mentes más
inteligentes las encontramos leyendo buenos
libros de todas las épocas y culturas.

48.

No hay mayor error que pensar que
nuestra vida alcanzará su sentido en
un futuro; todo lo que vale la pena es
aquí y ahora, en nuestro presente.

49.

Creíamos que la armonía del mundo eran
los sonidos y ante tanto ruido circundante,
hemos descubierto que son los silencios.

50.

Acaso procurar la plenitud en la melancolía
sea un error similar al de buscarla en los
anhelos de futuros posibles, tal vez, y digo tal
vez porque todo es duda, la plenitud esté en

cada momento presente, en la sucesión de
presentes que están siendo siempre. Siempre.

51.

Atreverse es una de las claves
de una vida plena.

52.

La imperturbabilidad de los estoicos
es una cualidad más difícil hoy que en
los tiempos clásicos grecolatinos y, por
tanto, más necesaria que nunca.

53.

Mantener la calma ante las tensiones y
adversidades de nuestras vidas es un signo
de grandeza personal y de paz espiritual.

54.

El odio y su manifestación exterior extrema, la ira, son la evidencia de la debilidad interior.

55.

Los fuertes no odian. Nunca.
Odiar es de débiles.

56.

Todos los sistemas religiosos –incluido el comunismo, que es una religión sin Dios– se basan en falsedades o en ideas o afirmaciones que no se pueden probar fenomenológicamente. Lo más incomprensible de dichos sistemas es que no se sustentan en mentiras porque sus creadores y seguidores o discípulos creen ciegamente que sus invenciones mentales son verdades absolutas. Verdades no verificables.

57.

La función real de todo el lenguaje, hablado
o escrito, es afirmar o negar hechos.

58.

La estructura y significado del lenguaje
condicionan y limitan todo pensamiento.

59.

Por tanto la verdad y la mentira están limitadas
por nuestro pensamiento lingüístico.

60.

Porque el pensamiento o es
lingüístico o no es pensamiento.

61.

El pensamiento no lingüístico es sentimiento,
sensación o percepción, no pensamiento.

62.

La Realidad de los hechos naturales
es completamente independiente
del pensamiento humano.

63.

El sol y la luna existen, independientemente
de que nosotros los hayamos
convertido en símbolos.

64.

Contra toda tendencia solipsista la existencia
del universo no guarda ninguna relación
con la existencia humana. El universo
es infinito y la humanidad finita.

65.

En cambio, el espíritu humano, como el
espíritu de todo lo vivo, probablemente

sea tan infinito y eterno como el resto del universo, del que formamos una ínfima parte.

66.

La imaginación humana surge de la brecha inefable entre los límites de nuestro lenguaje y lo ilimitado de nuestro espíritu.

67.

El espíritu es aquello que, en nosotros, excede a nuestro lenguaje, a nuestro pensamiento.

68.

Nuestro espíritu es lo que no es nuestro pensamiento.

69.

Acaso la ausencia de estilo sea la forma de estilo perfecto, un estilo invisible que impidiese valorar la autoría de la obra de arte y centrarse en la obra en sí. Al fin y al cabo, las grandes obras sapienciales de las literaturas de la antigüedad son anónimas, como lo son las pirámides, templos, sinagogas, catedrales o mezquitas.

70.

Cuanto más se aleje la cultura del entretenimiento, más cerca estará del arte.

71.

La politización de las emociones es quizá la mayor irracionalidad del siglo XXI.

72.

Toda generalización es, *per se*, una falsedad, por ser acientífica.

73.

La misión del ensayista no es la de cerrar
puertas sino la de abrir ventanas.

74.

No desees nada que no puedas lograr.

75.

El deseo puede ser tu gran motor
o tu trampa mortal.

76.

Si algo es gratis el producto eres tú.

77.

Minusvalorar los símbolos es la
incomprensión del pensamiento humano.

78.

Todo excremento es fértil.

79.

Las máquinas no piensan, calculan.

80.

Llamamos inteligencia artificial a
lo que en realidad es cognición e
interpretación de lenguajes.

81.

Realmente no vemos con los ojos, sino
que vemos con los oídos y con la lengua.

82.

Nada engaña más a los sentidos
que el lenguaje.

83.

La serenidad o paz de espíritu es la
auténtica forma de la llamada felicidad.

84.

En su origen, todas las ideas
son, en sí mismas, neutras, pero
ninguna es jamás neutral.

85.

La neutralidad existe, como idea, en
una esfera completamente distinta
a la de cualquier ideología.

86.

Confundir un ideario con una ideología es
propio de quienes carecen de ideas propias.

87.

La única forma de evitar que las buenas
ideas se evaporen y desaparezcan
en el olvido es escribiéndolas.

88.

Solo existe un sentimiento más insoportable
que el miedo y es la incertidumbre.

89.

Posponer demasiado las decisiones
importantes suele implicar
fracasos y frustraciones.

90.

De niño, mis padres me decían,
«nunca te acostarás sin saber una cosa
más»; ahora, al margen de la rima
creo que se quedaron cortos: nunca te
acostarás sin saber varias cosas más.

91.

Burocracia, partitocracia y plutocracia son
los tres mayores enemigos de los ciudadanos
libres en las sociedades democráticas.

92.

En literatura y cine, del mismo modo que
la descripción del tedio suele producir
obras tediosas, la narración del caos
puede producir obras caóticas.

93.

Tópicos, clichés, lugares comunes
e ideas recibidas, ¿cómo evitarlos?
¿Se puede huir de ellos?

94.

La discrepancia, bien usada, puede ser un
motor intelectual y dialéctico de primer orden.

95.

La ciencia o es objetiva o no es ciencia.
La subjetividad en las llamadas ciencias
sociales no las convierte en ciencias
sino en artes, por lo que habría que

denominarlas artes sociales o, mejor aún, artes humanas, ergo, humanidades.

96.

Una experiencia emocional genera efectos y recuerdos mucho más profundos y duraderos que una experiencia intelectual. Por eso el arte o el cine emocionales perduran más y conectan más con el público que el arte o el cine intelectuales.

97.

¿Y si el arte no fuese más que la forma de transformar la mentira en Verdad y la verdad en Mentira?

98.

Pocas palabras modifican más su significado/s que la palabra arte: el arte o las artes.

99.

Tras la palabra cultura podría incluir
a la palabra arte como uno de los
términos más difíciles de definir.

100.

Necesitamos perdernos para
poder encontrarnos.

101.

En el mundo actual, ser amable, educado y
respetuoso se ha convertido en una conducta
provocadora, subversiva y casi revolucionaria.

102.

Es mejor escuchar que hablar, porque lo
hablado abandona nuestro cerebro mientras
que lo escuchado penetra en
nuestra mente.

103.

Las virtudes de la ética podrían
resumirse en una sola: la búsqueda de
la felicidad sin dañar a los demás.

104.

La fe se basa en el amor, el temor o el
deseo; la Razón se basa en la verdad.

105.

Si alguien te agravia de forma consciente
y reiterada y nunca se disculpa, lo
mejor para ambos es ignorarlo y
apartarlo de tu vida para siempre.

106.

Si un idiota te perjudica varias veces y
mantienes tu cercanía hacia él, entonces
eres tan o más idiota que él.

107.

Donde hay interés es imposible que se
desarrolle una amistad verdadera.

108.

La carencia de fuerza de voluntad
provoca ausencia de autodisciplina; la
indisciplina produce desobediencia; la
desobediencia, indolencia; la indolencia,
descontrol; la pérdida de autocontrol,
equivocaciones; las equivocaciones,
errores; los errores producen fracaso.
En consecuencia, la clave de todo éxito
vital comienza con la fuerza de voluntad.

109.

A (casi) nadie le interesa cuánto sabes si tus
conocimientos no le resuelven un problema.

110.

Existe algo inefable llamado alma
o espíritu, energía, personalidad o
carácter en todos los seres humanos. Esa
energía vital hace únicos e individuales
a todos y cada uno de los seres vivos.
El no poder definirlo y no poder demostrar
su existencia científica y empíricamente
no nos impide reconocer, por pura lógica
racional, su existencia. Me explico con un
ejemplo. Una pareja tiene seis hijos. Tienen
los mismos genes, idéntico árbol genealógico,
la misma bioquímica genética de partida,
los alimentan a todos igual, con la misma
comida toda su vida; van al mismo colegio,
mismos profesores, mismos amigos; leen
los mismos libros; aprenden las mismas
cosas, con la misma educación e idéntica
genética; esos niños, tres de sexo femenino y
tres de sexo masculino salen completamente

diferentes en todo; su sique, sus ideas, su
forma de ser y de pensar son absolutamente
distintas. ¿Por qué? Misterio. A ese misterio
indemostrable e indefinible que va más allá
de la realidad biológica, tangible, física, esa
realidad misteriosa que hace que cada uno
de esos seis seres sea único, irrepetible y
diferente a todos los demás, la llamo alma,
energía, espíritu, carácter o personalidad.
Nadie puede negar ni demostrar su existencia.
Pero nuestra consciencia sabe que sí existe

III.

En el reino de la mentira, simplemente
decir la verdad puede ser un acto
auténticamente revolucionario.

112.

Siempre es más fácil creer que es
cierto algo que se desea o se teme.

113.

La salvación, si es que existe, no
está en la fe sino en la bondad.

114.

La verdad, si es que existe, no está en
la fe sino en la lógica racional.
La única verdad ilógica es el amor.

115.

Un buen libro, una buena película, una
buena serie, no es aquello que te hace
desconectarte sino que logra conectarte
con las realidades múltiples.

116.

Las humanidades son necesarias para poder
tener una visión crítica de la realidad.

117.

Sin lectura no existe juicio
crítico de la realidad.

118.

Sin una cultura profunda no se puede
saber ni la verdad del conocimiento
ni el conocimiento de la verdad.

119.

Descifrar la verdad de la cultura es la forma
más válida para crear una cultura de la verdad.

120.

La cultura de la verdad es la
verdad de la cultura.

121.

En ocasiones, la verdad provoca
dolor y la mentira felicidad.

122.

¿Y si la vida no es más que el lapso de un oxímoron en el que la búsqueda de las certezas nos revela su inevitable misterio perpetuo?

123.

La inteligencia es la capacidad de comprender o entender algo, la habilidad o destreza en la resolución de problemas o en el ejercicio o aprendizaje de razonamientos lógicos, teóricos o aplicados. La inteligencia también implica alcanzar objetivos trazados previamente, es decir, es una función ejecutiva de la mente. Como todo concepto abstracto, es más ajustado y completo nombrarla en plural: inteligencias. Hay inteligencias muy diversas, orgánicas e inorgánicas, animales y no animales (bacterias, vegetales o inteligencias artificiales son inteligencias no animales, pero son organismos inteligentes).

124.

La conciencia es la capacidad de discernir
la realidad y los actos propios o ajenos,
en ocasiones aplicando criterios éticos y
morales. Implica una reflexión interior
sobre la realidad y sobre uno mismo.

125.

La consciencia es la capacidad humana
no solo de reconocimiento de la realidad
sino de relacionarse con ella mediante la
acción o la reflexión desde el conocimiento
subjetivo de todo lo percibido circundante,
experimentando sentimientos subjetivos como
amor u odio, placer o dolor, calma o agitación.
La consciencia, por tanto, es una
característica psíquica exclusivamente
humana, en donde el sujeto consciente se
percibe a sí mismo y al resto de la realidad

mediante la unión de la razón y la emoción,
del pensamiento y el sentimiento.

126.

La inteligencia artificial (IA) o, mejor dicho,
las inteligencias artificiales, pueden desarrollar
conciencia (conciencia algorítmica) pero no
consciencia. La apariencia de consciencia de
las IA no es una realidad objetiva y biológica
sino una simulación de la consciencia
humana por medio de su conciencia.

127.

El pensamiento es el acto o facultad de
pensar, es decir, de organizar, formar,
crear o relacionar ideas, formas, sistemas
o conjuntos de ideas en la mente,

generalmente para formarse una opinión
o juicio sobre algo real o imaginario.
El pensamiento no implica necesariamente
una lógica, pues puede ser total o
parcialmente absurdo, lo que lo diferencia
notablemente del raciocinio.

128.
El raciocinio es la lógica de la
razón. O el pensamiento racional
con proposiciones lógicas.

129.
La educación es enseñar lo que se sabe;
investigar es enseñar lo que no se sabe.

130.
El aprendizaje no es únicamente aprender,
sino también aprender a desaprender.

131.

Desaprender es la forma última y
más profunda de aprender.

132.

No hay aprendizaje sin desaprendizaje.

133.

De aquello de lo que no se puede escribir
hay que escribir, de aquello de lo que se
puede escribir no hay que escribir.

134.

Como lo que desconocemos es muchísimo
más que lo que conocemos, cuanto menos
hablemos menos nos equivocaremos.

135.

Nuestra mente vive una continua
transformación neuronal, por lo

que la rigidez mental es contraria a
nuestra naturaleza biológica.

136.
Nuestros recuerdos no son lo que vivimos
sino una reconstrucción de lo vivido,
del mismo modo que una película no
es su filmación sino el resultado de su
montaje en la mesa de edición.

137.
La memoria es una sintaxis de
recuerdos reales o imaginados.

138.
Los recuerdos no compartidos con nadie
son la literatura privada de toda persona.

139.

La memoria de la pérdida es dolorosa,
pero la pérdida de la memoria es
una de las mayores tragedias.

140.

Perder toda la memoria es como
una muerte en vida.

141.

La pérdida de parte de la memoria es la
muerte de una parte de nuestra vida.

142.

La escritura es reconstrucción
de la memoria o el impulso que
nos proyecta hacia el futuro.

143.

En cada uno de nosotros solo existe un presente, pero existieron múltiples pasados y existirán infinitos futuros.

144.

La poesía es memoria fosilizada.

145.

La lectura de lo que ahora ves y su recuerdo posterior no es más que la codificación y descodificación de una inmensa malla neuronal en conexión.

146.

La lectura es la forma última y más imaginativa de escritura.

147.

No hay magia más profunda y
misteriosa que la de la lectura.

148.

Leer es un acto de fe en el prójimo.

149.

Leer y escribir, como jugar o soñar, nos
permite vivir escenarios que no podríamos
experimentar en nuestra propia vida biológica.

150.

Leer es un arte que, a veces, se
opone al arte de escribir.

151.

Toda lectura es un espejo que refleja lo que,
hasta entonces, nos era desconocido.

152.

Si leer es el arte de la búsqueda,
escribir es el arte de la renuncia.
Porque escribir no es solo contar lo que se
sabe o lo que se quiere contar, es renunciar
a escribir todo lo pensado no enunciado.

153.

La memoria es algo muy complejo, profundo
y ambiguo: porque la libertad interior puede
estar tanto en el recuerdo como en el olvido.

154.

Leer es escribir y reescribir en las neuronas.

155.

Todo acto de lectura es, en el
fondo, un acto de reescritura.

156.

Un recuerdo puede ser algo que
tienes o algo que has perdido.

157.

La cultura podría ser la memoria
de nuestras lecturas.

158.

¿Y si la cultura es la forma de leer una vida?

159.

La gramática no es solo la forma de ordenar
nuestro lenguaje, sino la estructura
misma de todo nuestro pensamiento.

160.

El lenguaje precede al pensamiento y el
segundo no existe sin el primero.

161.

¿O es al revés y es el pensamiento el
que precede al lenguaje y el segundo
no existe sin el primero?

162.

¿Y si lenguaje y pensamiento son la forma
y el fondo de un mismo fenómeno o
concepto innombrable, incognoscible?

163.

¿Y si una novela no es más que el intento
de racionalizar nuestro subconsciente por
medio de la imaginación narrativa?

164.

La cultura es la suma del lenguaje
más la experiencia.

165.

Quizá las lenguas no son las expresiones del
pensamiento sino el pensamiento en sí mismo.

166.

No hay mejor memoria que
la que sabe de olvidar.

167.

Cada día tu tiempo vale más. Porque
te queda menos. No lo malgastes.
Cada año, no intentemos ser mejores
que los demás sino mejores de lo
que fuimos el año anterior.

168.

Para poder saber qué es la cultura lo
primero es saber qué no es la cultura. Es
decir, una definición por exclusión.

169.
Si te sientes desubicado, quizás significa
que empiezas a conocerte a ti mismo.

170.
Aquel que desconoce la geografía, la
demografía y la historia es imposible
que pueda comprender el mundo.

171.
Mi gran pesar es ver a los inteligentes y
cultos llenos de dudas y a los ignorantes
muy seguros de sí mismos.

172.
El enfado pierde toda su capacidad
de persuasión cuando se vuelve
reiterado o permanente.

173.

Busca plantar semillas antes de comer frutos.

174.

Lo que ves en mí está en ti.

175.

La obsesión identitaria e individualista
nos hace olvidar lo esencial: todos
tenemos algo de todos.

176.

La lectura es la casa común compartida.

177.

El mejor homenaje que se le puede
hacer a cualquier escritor es leerlo.

178.

La literatura es contraria al capitalismo,
porque no es lo mismo que, como escritor,
publique diez libros en cuarenta años a que
publique cuarenta libros en diez años.

179.

El capitalismo se opone a la
verdadera literatura.

180.

Lo más contrario al utilitarismo es la poesía.

181.

Vivimos en un misterio sin sentido; drama,
comedia o tragedia, nunca sabremos
cuándo cae el telón ni qué hay tras él.

182.

De entre todas las creaciones artísticas,
ninguna es más misteriosa que la poesía.

183.

La música es un oxímoron pues es críptica
y transparente al mismo tiempo, pues es
directa y efímera de forma simultánea.

184.

La música es un flujo sonoro que
combina melodía, armonía y/o ritmo de
forma inmaterial, es decir, cuando es,
está siendo, y ya dejando de «ser».

185.

Música es lenguaje sin palabras ni imágenes.

186.

La filosofía y las ciencias pueden explicar
cualquier lenguaje excepto el de la música.

187.

La relación profunda entre escuchar
música y los sentimientos que provoca,
es un misterio insondable.

188.

Nada ha hecho más daño a la filosofía
que la suma de academicismo,
especialización y burocracia.
La historia de la filosofía demuestra
que solo los francotiradores, los
outsiders, los libertarios y los sabios
interdisciplinares han hecho aportaciones
al pensamiento universal.

189.

Nada más contrario a la verdad
que las creencias.

190.

No hay que buscar fuera lo
que no se tiene dentro.

191.

Cuando ves, ves lo que eres, no lo que es.

192.

Sin el uso correcto del lenguaje, el
pensamiento no es inteligencia sino creencia.

193.

La fe en algo se sustenta en la
ignorancia [de ese algo].

194.
Sin paz interior no hay meditación posible.

195.
Dice el proverbio zen que el obstáculo
es el camino, y pienso que sin
camino no hay obstáculos.

196.
Para tener ideas sin sesgos hay que ampliar
nuestra empatía y reducir la propia vanidad.

197.
Si quien tiene colma de regalos a
quien ni tiene, ni pide, no lo está
ayudando sino humillando.

198.
No hay mayor obstáculo para la
autorrealización que un orgullo inmenso.

199.

Si quieres comprender a una
persona no juzgues sus acciones o
sus palabras, conoce sus deseos.

200.

Las ideas sin acciones son como
semillas plantadas en cemento.

201.

Aunque Aristóteles decía que nuestro carácter
es el resultado de nuestra conducta, pienso
que es justo al revés, es nuestra conducta
la que conforma nuestro carácter.

202.

Uno es lo que hace no lo que dice que
es, ni lo que dice que va a hacer.

203.

Entre hacer o no hacer, elige
(casi) siempre hacer.

204.

El mayor deber de todo ser
humano es ser uno mismo.

205.

La fortaleza de carácter se revela en
las circunstancias más adversas.

206.

Observando a los animales podemos
aprender de ellos a no preguntárnoslo
todo y, sobre todo, a no mentir.

207.

La virtud deja de serlo cuando
es esclava del ego.

208.

Si logras aprender de ellos, tus
errores son tu mayor tesoro.

209.

Un vicio solo es beneficioso cuando
anula a otro vicio mayor.

210.

La virtud es la hija ejemplar
del vicio y la moral.

211.

Ninguna virtud es hereditaria, todas son el
resultado de la educación y el carácter.

212.

La filosofía no es cálculo, sino una
mirada hacia nuestro interior.

213.

El pensamiento filosófico demasiado
inteligente puede albergar sinsentido y
misticismo en lugar de razonamiento.

214.

Sin imaginación, ni la inteligencia más
sublime podrá alcanzar nunca la sabiduría.

215.

Una sonrisa excesiva es el disfraz
del odio o de la envidia.

216.

Una cara siempre sonriente es la
máscara de un corazón de hiel.

217.

¿Política cultural o cultura política?
¿Politización de la cultura o culturización

de la política? ¿En qué se diferencia
la cultura de la educación?
La cultura es la educación de los adultos.

218.
La cultura avanza en una doble dirección, por
un lado, la globalización de los localismos,
por otro, la localización de lo global.

219.
La fe es consustancial a toda civilización
de origen religioso, pero la duda es lo más
conforme a la verdadera naturaleza humana.

220.
Toda civilización madura desemboca
en la ortodoxia, por lo que toda
contracultura nace de la heterodoxia.

221.

Sin heterodoxia no hay libertad.

222.

Cuando toda cultura se vuelve ortodoxa,
fenece, plantando la semilla de una
contracultura heterodoxa.

223.

Una cultura que no es capaz de
autocuestionarse, incluso de reírse o burlarse
de sí misma, es una cultura que languidece.

224.

La cultura florece más desde lo
mestizo, lo híbrido, lo impuro.

225.

La pureza es debilidad, la
impureza es fortaleza.

226.

En lo impuro, lo imperfecto, reside la belleza.

227.

No podemos alcanzar la verdad, no obstante, podemos cultivar la belleza.

228.

El ejercicio no solo tonifica el cuerpo y despeja la mente, también limpia el espíritu.

229.

El equilibrio de la inacción no se logra con inmovilismo sino con el dinamismo fluido.

230.

Todo el que padece de vértigo esconde un trauma infantil.

231.
Vivir en lo esencial es el verdadero ser.

232.
Acción e inacción son dos dualidades
como el yin y el yang.

233.
Debemos fiarnos más de la observación de
nuestras acciones que de nuestras palabras.

234.
Si sumamos nuestros sueños a
nuestros pensamientos con palabras y
esa suma la convertimos en acciones
alcanzaremos una vida más plena.

235.
La acción sin reflexión es como
la palabra sin lengua.

236.

Si el pensamiento y la palabra son
sinónimos, como decía André Breton,
¿entonces el pensamiento sin palabras
sería un estado de supraconsciencia?

237.

El azar mejora la escritura de pensamiento
más que la planificación y el orden, pues
como decía Cioran, todo proyecto no es más
que una forma camuflada de esclavitud.

238.

La excesiva planificación conduce al
dogma e impide la imaginación.

239.

El dogma es lo incontrovertible y conlleva
el hastío; la heterodoxia quiebra las
certezas y provoca toda búsqueda.

240.

Sin heterodoxias no habría existido progreso
ni habría nacido ninguna civilización.

241.

La ortodoxia implica inmovilismo y
todo lo inmóvil o es inerte o muere.

242.

Quien piensa igual a la mayoría
no piensa mucho.

243.

La mente humana es al pensamiento
lo que una batería a la electricidad, se
recarga cuando está en marcha.

244.

Si no piensas como debes es porque
debes tu pensamiento a otro.

245.

La ignorancia está tanto en aprender sin
pensar como en pensar sin aprender.

246.

Es más útil tener pensamientos insignificantes
si son propios, que tener pensamientos
grandiosos si son tomados de otros.

247.

Lo que nos ocurre es similar, pero lo que
se nos ocurre es tremendamente dispar.
Por ello, los pensamientos siempre tendrán
mayor alcance que las acciones, que los hechos.

248.

El resultado más exacto para trasladar
los pensamientos con palabras
en acciones se llama libro.

249.

Quien no tiene una forma propia de pensar
no tendrá nunca forma de cambiar.

250.

No hay que pensar o imaginar lo
que puedes temer, sino temer lo
que puedes imaginar o pensar.

251.

El mayor temor que podemos pensar
es el pensamiento mismo.

252.

Una buena memoria es esencial
pero el exceso de ella suele impedir
los pensamientos originales.

253.

¿Y si todo libro no es otra cosa que el
simulacro de nuestra memoria?

254.

Hay que vivir el arte y no vivir del arte.

255.

El arte es lo contrario del buen gusto,
es transgredir, cercenar, transfigurar
al artista y al espectador.

256.

Parece una perogrullada, pero el ninguneo,
desprecio y supresión de las humanidades
nos lleva a la total deshumanización.

257.

Es más frecuente que sea el pensamiento
el que cree la emoción a que sea la
emoción la que cree el pensamiento.

258.

Cualquier familia, institución, organización,
nación o civilización, regida por la
emoción en vez de por la Razón, está
inexorablemente condenada al fracaso.

259.

En contra de lo que las trampas
semánticas y sintácticas de la Razón nos
han hecho creer, las ideas nunca son
a priori, siempre son a posteriori.

260.

Toda idea viene precedida de una
realidad biológica y fenomenológica.

261.

La vanguardia del pensamiento es toda idea
original que, al conocerla por vez primera,
te desestabiliza hasta quebrar tus certezas.

262.

El pensamiento de vanguardia es el que te
lleva a donde en realidad no quieres ir.

263.

Si la vanguardia mira el pasado, en lugar
de al futuro, se vuelve retaguardia.

264.

Si temes a una idea es porque es vanguardista.

265.

Si no te atreves a formular las verdaderas
preguntas ni a pensar las respuestas honestas,
renunciarás a tener un pensamiento

propio y un juicio crítico sobre los
temas que realmente te importan.

266.

Si creemos que la realidad física puede
interpretarse en términos de mecánica
cuántica o física cuántica y, en ese caso, su
sistema está compuesto de cúbits (*quantum
bit* o *qubit*) y estos, a su vez, contienen
simultáneamente un valor cero o uno, o
encendido y apagado, significa que en la
realidad cuántica, que es la de la ciencia
física, un ser vivo, todo ser vivo de hecho,
está al mismo tiempo vivo y muerto. Esto,
que parece un dislate, desde una perspectiva
cuántica es una verdad científica.

267.

¿Es la verdad, a la vez, mentira y verdad?

268.

Los pensamientos más reveladores e
inquietantes no son los que se cuentan sino
los que siempre permanecen ocultos.

269.

Más importante que entender es comprender,
porque comprender implica abarcar.

270.

Si lees todos los días, piensas todos los
días. Si escribes todos los días tendrás
pensamientos propios todos los días.

271.

Oponer la ciencia a la teología es inane;
oponer la ciencia a la filosofía es de necios.

272.

Cuando pienso qué es la mente, la primera palabra que me surge es «filosofía»; cuando pienso qué es el pensamiento, la palabra que brota es «lenguaje»; pero cuando pienso qué es la conciencia, la primera palabra que llega a mis labios es «poesía».

273.

Todas las fes se excluyen entre sí, porque todo fe religiosa es supremacista: considera su fe como la única verdadera y, por tanto, superior a las demás, que son, *per se*, erróneas, equivocadas, falsas. La fe en la poesía y en el arte, en cambio, es sincrética: la suma de todas las fes poéticas y artísticas se nutre, crece y se expande, aumentando el valor cultural y espiritual de todas las poéticas y formas artísticas pasadas, presentes y futuras. La

fe en la poesía y el arte suma, incluye,
alimenta el espíritu. La fe religiosa,
eclesiástica, excluye a todas las demás fes.

274.

La realidad conocida es una sucesión de
antinomias, de conceptos o sucesos que se
confrontan y complementan simultáneamente:
empirismo y mitos, racionalismo y
símbolos, fenomenología y leyendas, lógica
y sueños, mente y alma, pensamiento
y espíritu, realidad y cosmogonía.

275.

El universo es una dualidad que suma y
conforma todas las dualidades pasadas,
presentes y futuras. Quien no trate de
separarlas, de restarlas, vivirá en paz.

276.

El vértigo del devenir, del ser y del pasar, es lo que nos mantiene vivos.

277.

El estoicismo posee la virtud del pensamiento libre, que es el que nos conduce a la libertad de acción. El dominio estoico de uno mismo no reprime nuestras emociones, las controla, conduce y organiza para hallar la libertad interior, que es la clave de la virtud, la paz y la plenitud del espíritu.

278.

Todo sistema de pensamientos, toda filosofía, se quiebra ante la realidad de la muerte, ante la idea de la muerte. Nadie, ningún ser humano, pasado, presente o futuro, sabe absolutamente nada sobre la muerte. Ni el más sabio entre los sabios

sabe nada de ella. Nada de nada. Todos los
millones de escritos a lo largo de la historia
que los autores hemos escrito sobre ella,
en libros y otros soportes, son una total
especulación. Por eso, hablar o escribir
sobre la muerte es siempre mero elucubrar.

279.
Salir del yo y cultivar una permanente
curiosidad empática es la mejor forma de
ampliar la pasión por el conocimiento.

280.
El humanismo hoy debe sustentarse
en crear una cultura del buen vivir,
un activo vitalismo cultural.

281.
No hay que pensar los sentimientos
sino sentir los pensamientos.

282.

¡Atrévete a pensar! Si no te esfuerzas
por tener pensamientos propios, te
estarás traicionando a ti mismo. Y serás
esclavo de los pensamientos ajenos.

283.

Se atribuye al doctor Samuel Johnson
la frase «el lenguaje es el vestido del
pensamiento» y me parece una frase errónea
y desafortunada, por muy atractiva que
sea como metáfora, porque el lenguaje
es el pensamiento en sí mismo; sin
lenguajes los pensamientos son la nada.

284.

La búsqueda de la verdad, el respeto
a toda forma de vida y el amor a la
humanidad son las claves de una plena
conciencia y un espíritu en paz.

285.

La vida es un perpetuo presente, porque tan inútil es vivir en el futuro como equivocado vivir en el pasado. Sentir cada instante como una plenitud infinita es la forma más provechosa de tener una vida dichosa.

286.

Que la vida es un misterio total es bien sabido, pero cabe añadir que la poesía y las artes son las actividades humanas que mejor exploran ese misterio. No ocurre lo mismo con las ciencias empíricas, porque, cuando aparece la ciencia, el misterio en sí desaparece.

287.

Toda ideología que niegue la razón y la espiritualidad humanas no es una ideología sino una patología colectiva y, como

neurosis social, requiere de psicoterapia
y de tratamiento psiquiátrico.

288.

Acaso sería plausible pensar que todos los
sistemas ideológicos modernos son una
consecuencia de la introducción de la
electricidad en nuestras vidas cotidianas,
de la revolución industrial decimonónica,
que fue eléctrica y luego electrónica,
condicionando los nodos neuronales
individuales y sociales. Es lógico pensar que
en un mundo preeléctrico, escribiendo a
mano y valiéndonos de la luz de las velas y de
ingenios mecánicos, nuestros pensamientos
e ideas serían otros, ciertamente diferentes.
Ante un apagón europeo como el de hoy,
28 de abril de 2025, reflexiono sobre esto,
pausadamente, lentamente, sin noticias, ni
música, ni conexión inmediata con el mundo

exterior. Es ante este gran apagón, inédito
en nuestras vidas, cuando nos damos cuenta
de que las tecnologías modernas, basadas
todas en sistemas eléctricos, nos generan
estrés y ansiedad, al tiempo que nos hacen
pensar más rápido y más, pero no mejor.

Pensar bien, meditar en profundidad,
implica renunciar a la electricidad, a sus
luces artificiales, a su condenada velocidad.
Somos biológicamente mamíferos y primates
evolucionados y el noventa y nueve por
ciento de nuestra historia evolutiva fue una
sucesión de siglos y milenios sin electricidad.

289.
La vida es una suma de esfuerzos, de
aciertos y derrotas que, a veces, solo
a veces, concluyen en victoria.

290.

La poesía es un arte no referencial, porque los poemas no están hechos de palabras que son signos que representan la realidad, sino que están formados por palabras que son la realidad en sí misma; porque la poesía es un mundo propio ajeno al mundo de las cosas, de los acontecimientos y su fenomenología. La poesía es el poeta y sigue siéndolo, aunque este no tenga ningún lector.

291.

El mayor misterio de la vida es la vida misma. La vida es un misterio no solo porque la existencia es inexplicable sino porque la existencia y la inexistencia conviven en algo tan enigmático como indescifrable, a ese algo lo llamamos «tiempo». Y el «cosmos» es energía en el tiempo.

292.

Todo lo que fue, todo lo que es, todo lo
que será, todo lo que podría haber sido,
todo lo que podría ser o no ser, es una
realidad de energía en el tiempo, a eso
lo llamamos el «espacio» o «cosmos».
Lo imagino como un laberinto infinito
que contiene todos los laberintos,
bifurcándose siempre, eternamente.

293.

Si la vida tuviese la forma de un laberinto,
la muerte nunca sería su salida.

294.

Cuando leemos a Poe o a Kafka, somos Poe
o Kafka; cada vez que lees a Cervantes o a
Potocki, eres Cervantes, estás siendo Potocki.

295.

Es de necios confundir amabilidad con bondad. Detectar la verdadera bondad es signo de envejecer adquiriendo sabiduría.

296.

El amor no lo es todo, no, pero sin duda es lo más importante.

297.

Es imprescindible tener amigos, y es bueno. Si no es bueno es que no es un verdadero amigo. Nuestras vidas sin amigos serían como veleros sin timonel.

298.

Todo espacio es palimpsesto de otro espacio; todo tiempo es clepsidra de otro tiempo.

299.

El pensamiento sin la acción no sirve
para casi nada, porque para comprender
un fenómeno en su totalidad hay que
experimentarlo. Dicho de otro modo, sin
la vivencia el conocimiento no es tal, es
idea o erudición. Por eso el conocimiento
es superior al mero pensamiento.

300.

Lee mucho, pero vive mucho más:
¡vive intensamente!

Si no reúnes tus ideas, sentimientos y deseos de forma coherente, nunca descubrirás la meta de tu vida.

Alejandro Jodorowsky, *La voz del maestro*, mayo de 2024.

Este librito se inició en Madrid el 5 de junio de 2024 y se concluyó en la misma ciudad el 5 de junio de 2025. El 5 de junio es el día del nacimiento de Federico García Lorca y el Día Mundial del Medio Ambiente.